만화 노무현 1

만화 노무현

1

그의 마지막 하루

백무현 글·그림

이상

만화 노무현 | 그의 마지막 하루

초판 2쇄 펴낸날 2015년 7월 10일

글·그림 백무현
펴낸이 이상규
편집인 김훈태
디자인 디자인규
마케팅 김선곤

펴낸곳 이상미디어
등록번호 209-06-98501
주소 서울 성북구 정릉동 667-1 4층
대표전화 02-913-8888
팩스 02-913-7711
이메일 leesangbooks@gmail.com

ISBN 978-89-94478-54-8 03300

이 책의 저작권은 저자에게 있으며, 무단 전재나 복제는 법으로 금지되어 있습니다.

차례

프롤로그   011

1. 그해 여름   017

2. 반격   039

3. 모략   057

4. 하이에나   081

5. 최후의 표적   093

6. 잔인한 4월   113

7. 명예   171

8. 부엉이 바위   241

저자서문

그해 5월,
잔치를 벌인 사람들은 누구인가

이 시대, 가장 뜨거운 가슴을 가졌던 그는 격렬했던 자신의 삶을 스스로 마감했다. 그리고 6년이 흘렀다. 무엇이 변했는가? 한 때나마 분노했던 사람들은 일상으로 돌아가 프란치스코 교황이 우려한대로 '무관심의 세계화'에 동참해 있고, 노무현을 멸문지화(滅門之禍)로 몰아넣은 장본인들은 화려한 수식어로 치장한 자서전까지 내며 자화자찬을 즐기고 있다.

   무엇이 달라졌는가? 건국 이래 최대 규모인 5백만 명의 추모 인파가 만들어낸 거대한 역사의 물결에 미혹당해 그것을 너무 경배하지는 않았을까? 그 힘이 모여 세상을 바꿀 것이라는 '거대한 믿음' 말이다. 그런데 그 믿음이 빗나간 것임을 확인하기까지는 겨우 3년에 불과했으니 노무현에게는 너무나 미안하고 또 미안할 따름이다. 그럼에도 그 '믿음'이 굽이쳐 흘러 결국은 바다에 이를 것이라는 기대마저 섣불리 포기할 까닭이 없다. 아니, 또 그럼에도 노무현에게 미안한 것은 개인적으로 그를 역사의 법정으로 불러낸 적이 없기 때문이었다.

   노무현에 관련한 책은 그동안 많이 출간되었다. 본인이 못 다 쓴 회고록도 나왔고 인터뷰집이며 추모집, 기록집 등 여러 종이 출간되었다. 그런데도 주변에서 만화로 출간할 것을 재촉한 것은 내가 그동안 대통령 시리즈물을 해온 탓도 있겠지만 만화 매체가 갖는 장르적 장점을 높이 산 것이 아니겠나 싶다.

하지만 노무현을 지면으로 불러내는 게 그리 녹록한 작업은 아니었다. 처음부터 숨이 턱 막혀왔다. 너무나 뜨거웠기 때문이다. 한국 사회에서 이토록 뜨겁게 논쟁적인 사람이 또 누가 있었던가. 정치적 반대자들이야 자신들의 이익에 반하기에 노무현을 비토하는 것이 당연하겠지만 같은 진영 내에서도 '친노', '비노' 프레임을 들고나오는 것을 보면 과연 논쟁적인 사람임을 부인할 수는 없을 터다.

이러한 현실 정치의 구도 속에서 차라리 노무현을 불러내는 것이 과연 어느 쪽에 도움이 되고 어느 쪽에 해가 될 것인지의 정치적인 판단은 하지 않기로 했다. 노무현을 불러내되 '노무현 이야기'는 하지 않기로 했다.

정작 내가 궁금한 것은 노무현의 삶이 아니라 그를 자결로 몰고 간 공모자들의 얼굴이었다. 그해 그들이 벌였던 잔치, '노무현 잔혹사'의 기획은 누가 했으며 각본은 누가 썼고 메가폰은 누가 잡았으며 실행은 누가 했으며 배급은 누가 맡았나? 나는 그들의 민낯을 들여다보고 싶었다. 최고 권력자인 대통령과 국정원, 검찰, 국세청, 언론, 집권당이 벌인 그해 여름의 잔칫상……

그래서 노무현의 독백은 아프게 다가온다.

'세상을 조금이라도 바꾸었다고 믿었는데,
돌아보니 원래 있던 그대로 돌아가 있었다.'

그 잔칫상에 모여든 '우리'들의 민낯도 부끄럽긴 마찬가지였다. 먹을 것 없는 잔치에 초대된 우리들은 노무현을 원망했고 손가락질했다. 그리고 외쳤다. '굿바이, 노무현!' 절체절명의 절망은 여기에서 왔다. 지지자들이 등을 돌릴 때 노무현은 한없이 좌절했다. 그를 자결로 몬 무리에는 '우리'도, '나'도 끼어 있었다. 그의 마지막 절규는 단말마였다.

'이제 저를 버리십시오.'

'우리'는 왜 그의 이야기를 들으려 하지 않고 검찰발 '조중동'을 중심으로 한 언론을 통해서만 그의 피의 사실을 믿으려 했을까? '우리'는 법정에 서지도 않은 그에게 이미 유죄 선고를 내렸던 것은 아닐까?

노무현과 관련한 책은 앞으로도 계속 나와야 한다. 역사적 판결의 완결성을 위해서 더 더욱 그렇다. 한국 지성사회에 지우는 임무이기도 하다. 이번에 책을 내게 된 이유이기도 하다. 《만화 노무현》을 통해 그의 진심이 정직하게 읽히길 기원한다.

내용을 취재하면서 많은 분들이 도움을 주었다. 고마움을 전한다. 만화 작업에는 품이 많이 든다. 대학에서 강의를 하는 후배 안 작가가 이번에 프로듀싱을 맡아 많은 토론과 진행에 큰 도움을 줬다. 감사드린다. 백종성 작가는 이번에도 아트워크팀을 이끌면서 수고해줬다. 고마운 일이다. 출판시장이 만만치 않음에도 흔쾌히 출판을 결정해주고 기획단계에서부터 애써준 이상미디어에도 감사드린다.

역사의 법정에서는 노무현을 어떻게 선고할 것인가?
판결은 '우리'의 몫일테다. 그 노무현을 버리지 말자.

_____ 노무현 서거 6주기에, 백무현

프롤로그

봄이었지.

찔레꽃이 흐드러지게 피고 지던 날,
짧은 유서 한 장 남기고 떠난
외로운 사람이 있었단다.

'운명이다'

그래, 운명! 이었지…

어쩌면 한 해 전에 이미
돌이킬 수 없었던 것이었는지도 몰라.

1

그해 여름

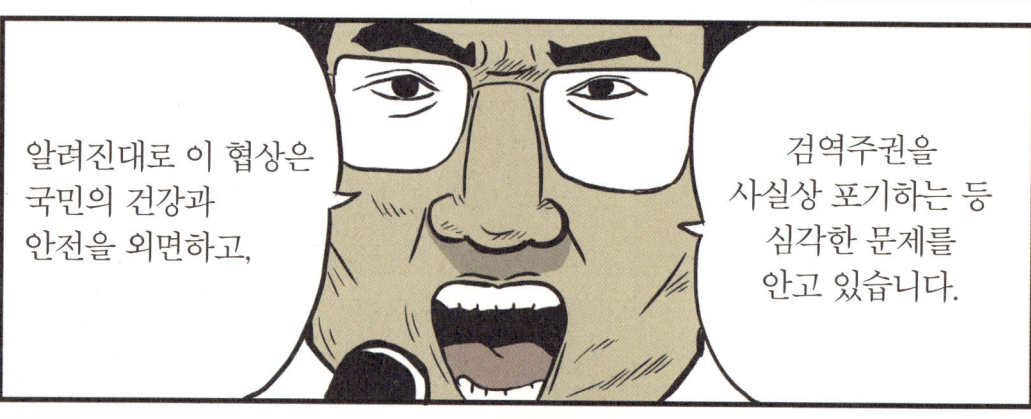

이명박은 퇴진하라!

광우병·인간광우병이 발생해도 수입중단을 하지 못하게 된 점입니다.

국민대책회의가 지적하는 한미 쇠고기 협상의 가장 큰 문제점은 '광우병 위험물질까지 수입을 허용한 것'이며,

이명박 정부는 '협상'에서 "국제수역사무국이 미국의 '광우병 통제국가 등급'을 취소·변경하지 않는 한 수입을 중단하지 않는다"고 합의함으로써 수입중단 권리를 포기했다는 지적도 받고 있습니다.

퇴진! 이명박!

다음날 5월 7일.

이명박

쇠고기 개방으로 국민 건강에 위협을 가하는 일이 있다면 즉시 수입을 중지하고 대책을 마련하겠습니다.

한승수 국무총리

우리 국민들이 그렇게 걱정하는 광우병이 미국에서 발생하여 국민건강이 위험에 처한다고 판단되면 수입중단 조치를 취할 것입니다.

얄팍한 술책에 경고라도 하듯 촛불은 더욱 뜨겁게 타올랐어.

우리 아이에게 미친 소가 웬 말이냐?

이명박 탄핵! 광우병 쇠고기 너나 먹어!

이명박 정권 물러가라! 퇴진하라!

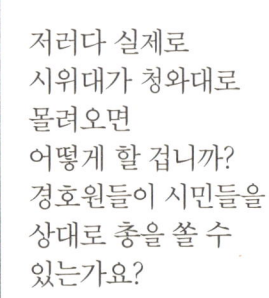

다급해진 경찰은 광화문에 컨테이너 박스를 설치하여
청와대로 진입하는 길목을 모조리 막아버렸어.
기상천외한 '명박산성'이었지.

2008년 6월 19일 오후.
청와대 춘추관.

존경하는 국민 여러분.

지난 6월 10일, 광화문 일대가 촛불로 밝혀졌던 그 밤에, 저는 청와대 뒷산에 올라가 끝없이 이어진 촛불을 바라보았습니다.

시위대의 함성과 함께, 제가 오래전부터 즐겨 부르던 '아침이슬'이라는 노랫소리도 들려왔습니다.

뭐? 이명박이가 '아침이슬'을 즐겨 불렀다고? **푸하하하!**

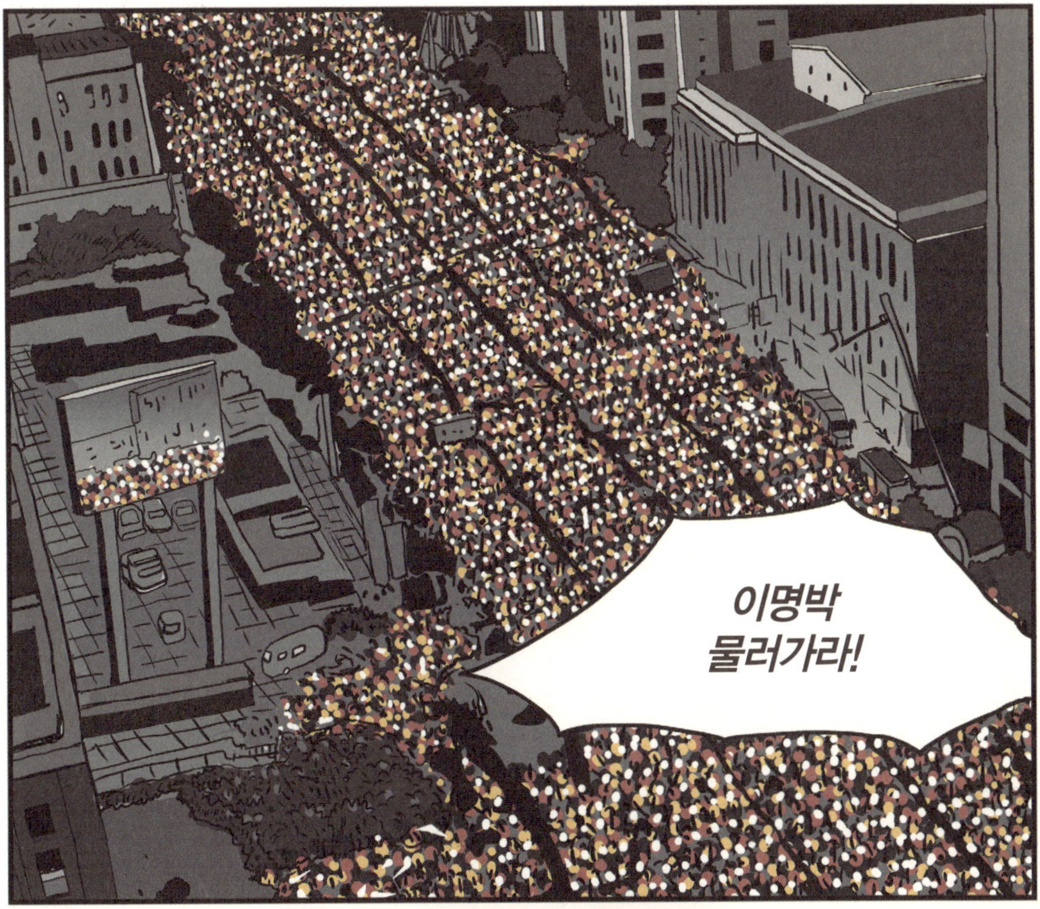

이명박
물러가라!

캄캄한 산 중턱에
홀로 앉아
시가지를 가득 메운
촛불의 행렬을 보면서,

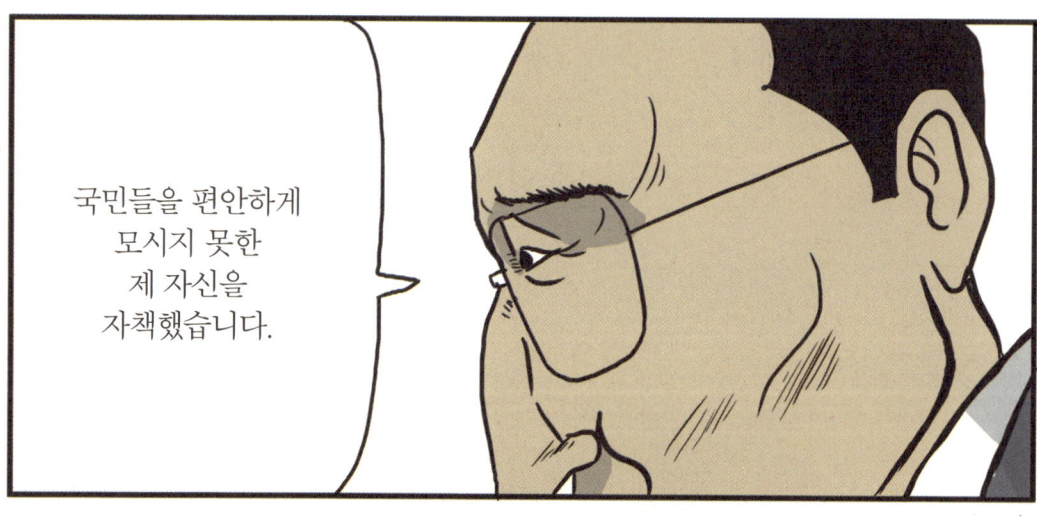
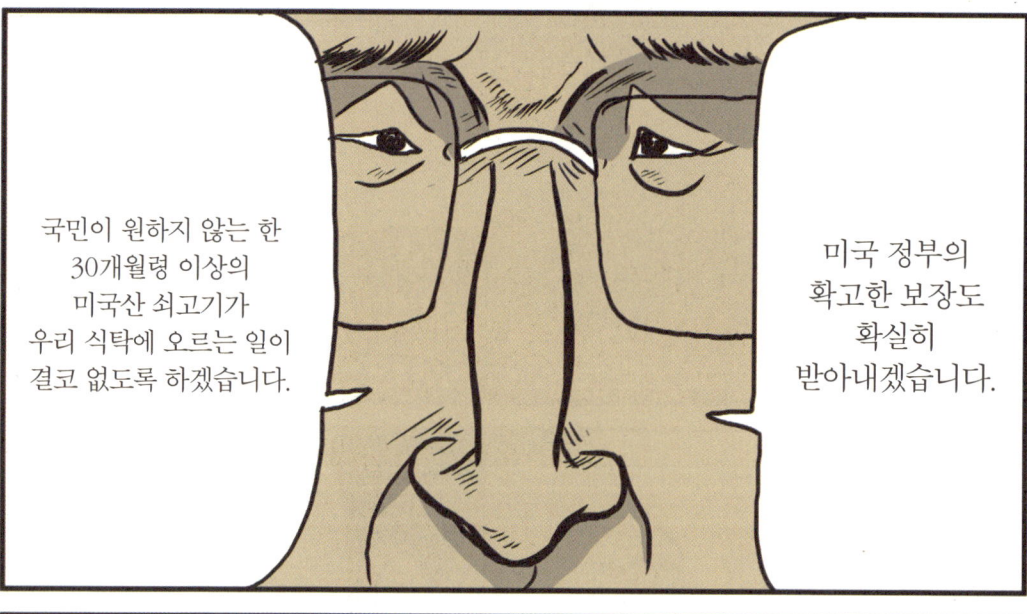

제가 생각하는 이상적인 사회는 더불어 사는 세상
모두가 먹는 것, 입는 것 이런 걱정 좀 안하고
그래서 하루 하루가 신명나는 그런 세상입니다.
만일 이런 세상이 지나친 욕심이라면
적어도 살기가 힘들거나 아니면 분하고 서러워서
스스로 목숨을 끊는 일은 없는 세상, 이런 세상입니다.

- 1988년 국회 대정부 질의 -

2

반격

열흘 뒤인 6월 30일.

이제 더 이상 밀릴 수 없어요.

대통령의 권위는 지켜야 합니다.

예. 대통령님!

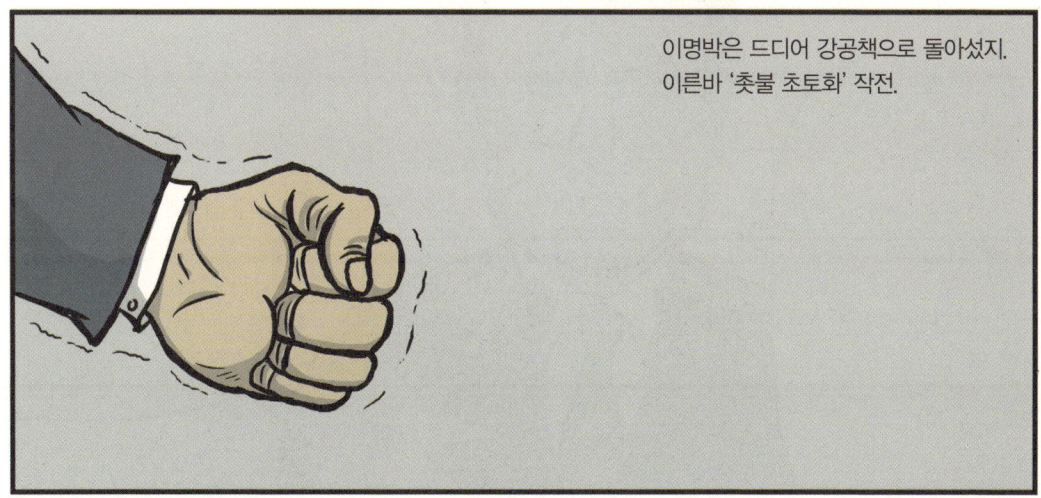

이명박은 드디어 강공책으로 돌아섰지.
이른바 '촛불 초토화' 작전.

이제 촛불의 동력이 많이 떨어졌어요.

대통령님의 사과에 이어 대폭적인 인사 개편에다가 경찰에서도 강경대응으로 나가니까 촛불이 꼬리를 내렸어요. 서울광장을 완전히 봉쇄해버린 게 주효했고 여기에 장마가 시작되어서 집회가 어렵습니다.

이 무렵, 진용을 다시 짠 정권 핵심부는 대반격을 위한 숨 고르기를 하고 있었어.

도대체 촛불 세력의
힘과 자금이
어디서 나오는 거죠?

저희가 면밀히 살펴 본 결과
노무현 정권 때 임명된 공기업 임원과
시민단체들이 공생 관계를
형성하고 있습니다.

그렇습니다.
공기업 임원들이 노조를 동원해
촛불 시위에 나오는 것을
목도했습니다.

사람들이 가장 관심을 갖고 먹고 사는 문제를 얘기하려면

'국민들의 행복한 삶을 위해 국가는 무엇을 해야 하는가' 고민할 수밖에 없고,

야권을 분열시키고
군부독재에 면죄부를 주는 정치야합은
결코 용납할 수 없습니다.

- 1990년 3당 합당을 반대하며 -

3
모략

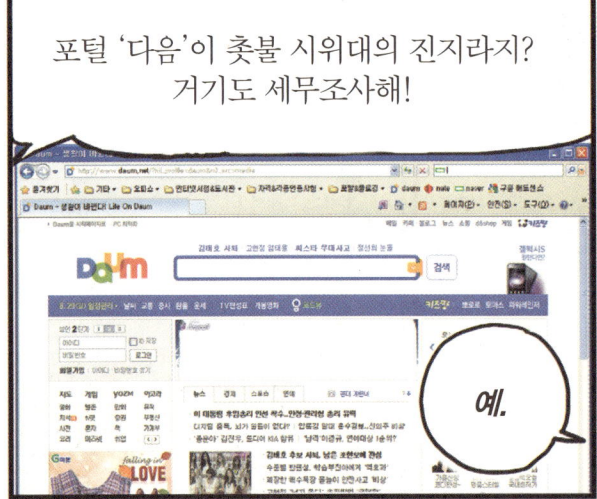

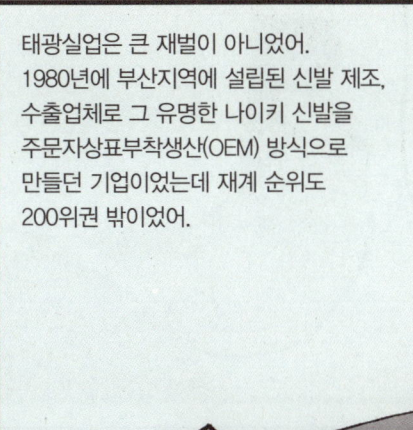

태광실업은 큰 재벌이 아니었어. 1980년에 부산지역에 설립된 신발 제조, 수출업체로 그 유명한 나이키 신발을 주문자상표부착생산(OEM) 방식으로 만들던 기업이었는데 재계 순위도 200위권 밖이었어.

청장님, 그런데 본청 소속도 아니고 업무도 관련이 없는 제가 조사업무에 투입되는 것이 이해가 되질 않습니다. 어떻게 조사업무에 참여할 수 있습니까?

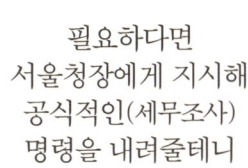

필요하다면 서울청장에게 지시해 공식적인(세무조사) 명령을 내려줄테니

그동안 태광실업 계좌 확보를 위한 방법이나 강구하면서 기다리다가 명령을 받으면 바로 들어가!

3. 모략

지역갈등은 모든 것을 망가뜨리고 맙니다.
똑같은 사실도 지역을 오가면 백이 흑이 되고, 흑이 백이 됩니다.
이 상황에서 진보와 보수가 어디 있으며
정당간의 정책경쟁이 무슨 소용이 있습니까.

- 1999년 16대 총선 부산 출마 선언 -

4

하이에나

노통의 부산상고 동창 정화삼이가 대표이사로 재직했던 골프장이 수십억 원대의 비자금을 조성한 혐의가 있습니다.

그래? 그러면 그 돈이 정치자금 명목으로 노통 쪽에게 흘러 들어갔을 수도 있어. 더 캐봐!

예.

부산상고 1년 후배인 한국증권선물거래소 옥치장 전 본부장도 소환 조사해!

서울지검 특수 3부.

노무현 측근 의원들 나온 것 없어?

대우정보시스템에서 그랜드코리아레저 (관광공사 자회사)가 운영하는 카지노 보안 시스템 사업권을 따내기 위해 비자금을 조성해서 노무현 측근 의원들에게 로비했다는 정황을 포착했습니다.

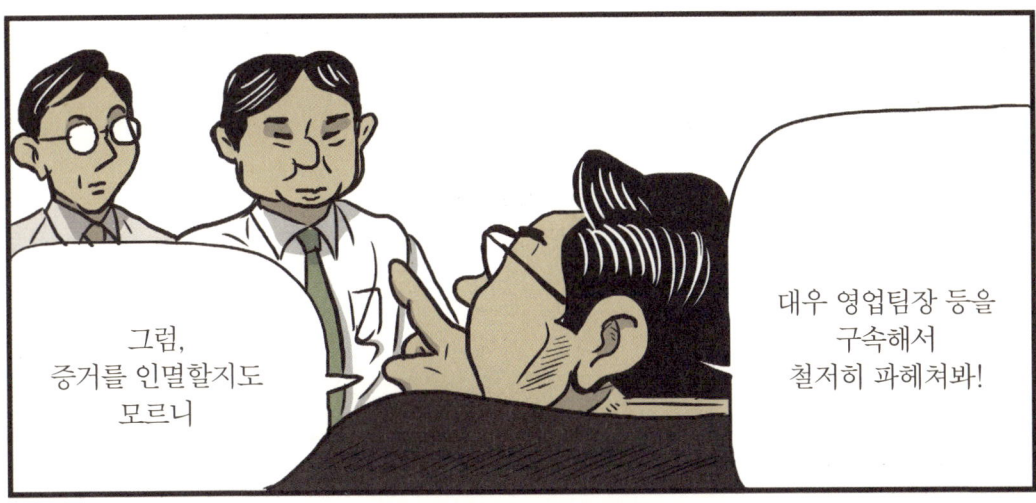

12월 2일.

검찰은 오늘 노건평 씨에 대해 특정범죄가중처벌법상 알선수재 혐의로 구속영장을 청구했습니다. 노건평 씨는 정씨 형제와 공모해 세종증권이 농협에 매각되도록 도와주고 세종캐피탈 측으로부터 29억 6,300만 원을 받아 챙긴 혐의입니다.

저로 인해서 이런 말썽이 일어나니까 동생에게 미안합니다.

이를 우짜노…

노무현은 형님을 원망하기에 앞서서 오히려 미안하고 안타까운 마음이 들었어. 고시 공부할 때 뒷바라지를 마다하지 않았던 든든한 버팀목이자 아버지 같았던 형이기 때문이었지.

오늘 인사로 금년 인사를 마감했으면 좋겠습니다. 오늘 인사를 마지막 인사로 하고요,

내년에 날씨가 따뜻해지면 다시 인사드리겠습니다.

그러나 방문객들에게는 마지막 모습이었지.

새 봄…
노무현이 원했던 새해의 따뜻한 봄은 과연 오는 것일까.

제 장인은 좌익활동을 하다가 돌아가셨습니다.
저는 이 사실을 알고
제 아내와 결혼했습니다.
그리고 아이들 잘 키우고 지금까지 서로 사랑하면서
잘 살고 있습니다. 뭐가 잘못 됐습니까?
이런 아내를 제가 버려야 합니까?

- 2002년 대선후보 인천 경선 연설 -

5 최후의 표적

그래서 그의 등장은
예사로 볼 일이 아니었지.

신임
대검 중앙수사부장
이인규.

그는 '재계 저승사자'라는
별명만큼 사건을 한번 물면
절대 놓치지 않고
독하게 파고들며
마구 헤집는 스타일이었어.

그의 스타일을 반영한 때문인지
중수부에는 집요하고 끈질긴 수사로
이름이 난 검사들이 전부 모여들었지.

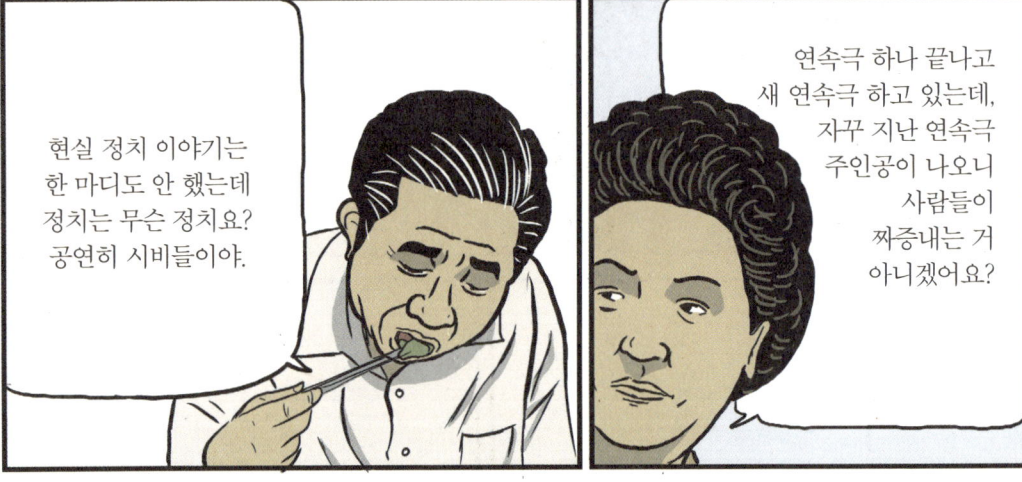

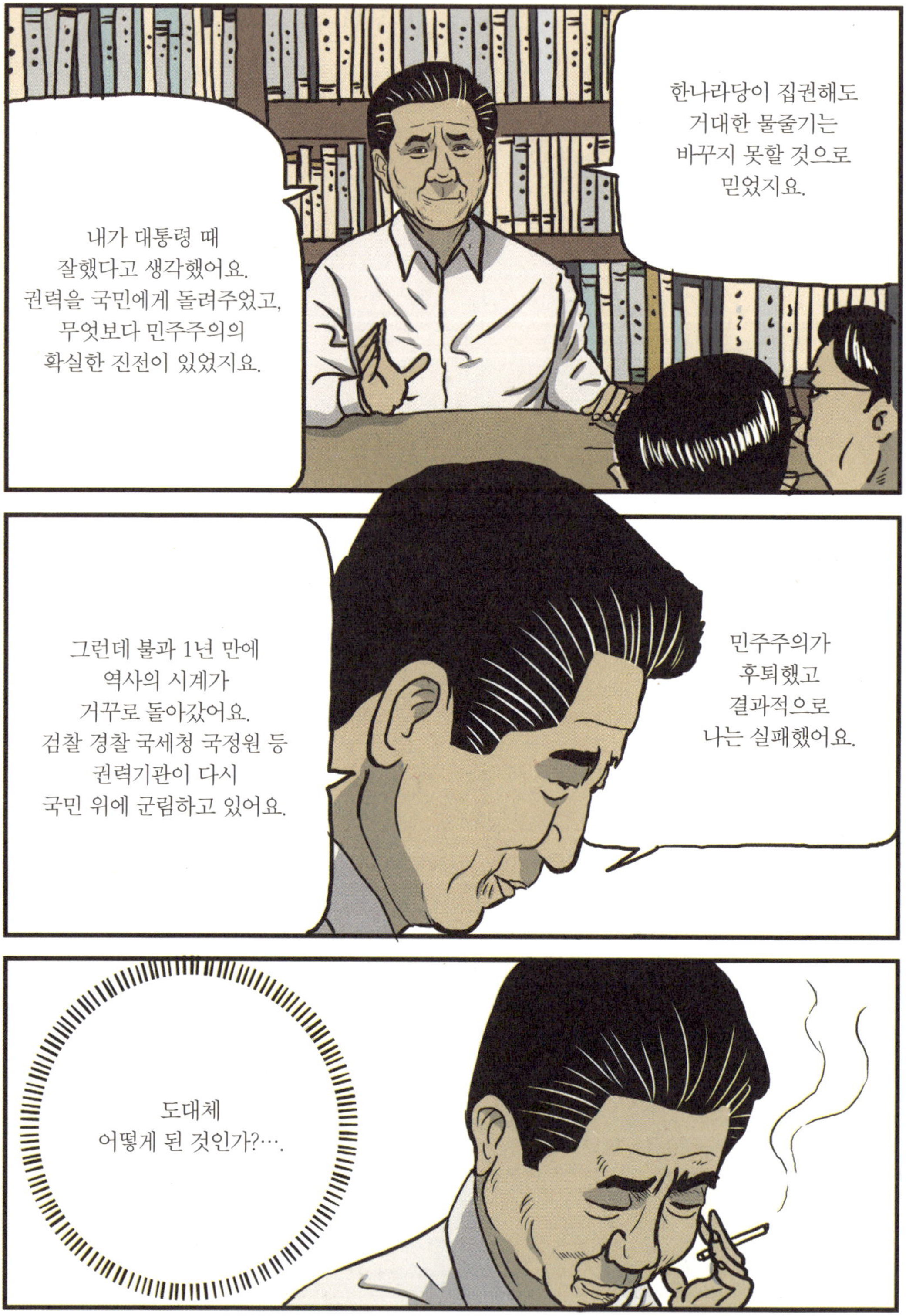

…야 이놈아, 모난 돌이 정 맞는다.
계란으로 바위치기다. 바람부는대로 물결치는대로
눈치보며 살아라. 이 비겁한 교훈을 가르쳐야 했던 600년의 역사,
이 역사를 청산해야 합니다.

- 2002년 대선 후보 수락 연설 -

6

잔인한 4월

'춘래불사춘'…
봄은 봄이로되 봄이 아니다!
4월은 잔인한 달….

'4월은 가장 잔인한 달…'
죽은 땅에서 라일락을 키워내고
추억과 욕망을 뒤섞고
잠든 뿌리를 봄비로 깨운다
겨울은 오히려 따뜻했다.

정치인 수사가 본격화함을
염두에 둔 말씀인가요?

허…
오늘 날씨가 이리 좋은데
박연차 수사 이야기나 하고 있으려니….

수사는 철저하게
합니다.

누구를 막론하고
끝까지 갑니다!

6. 잔인한 4월

박연차 게이트를 수사하고 있는 검찰의 수사가 속전속결로 이뤄지고 있습니다.

이정욱 전 해양수산개발원장을 시작으로 열흘 만에 박정규 전 민정수석, 장인태 전 차관, 이광재 의원 등 구속된 사람이 6명에 이르고 조사를 받은 현역 의원만 서갑원 의원 등 3명에 이르고 있습니다.

여기까지는 예고편이었지.

그 '잔인한 4월'을 하루 앞둔 3월 30일. 동아일보. 3월 31일자.

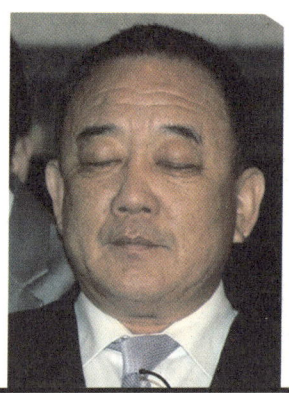

東亞日報

박연차, 작년 2월 말 500만 달러 노건평 맏사위에게 송금

"노 전 대통령에게 주려고 건넸다"

박 회장은 지난해 12월 대검 중수부 조사 과정에서 노무현 전 대통령에게 전달하기 위해 이 돈을 건넸다고 진술했다. 검찰은 만약 노 전 대통령이 퇴임 전에 돈 전달 사실을 알았다면 노 전 대통령을 포괄적 뇌물수수죄로 처벌할 수 있다고 보고 있다.

그리고 마침내 '잔인한 4월'의 첫날인 4월 1일.

한겨레
THE HANKYOREH

검찰 '盧 조카사위 50억'
규명 본격 착수

경향신문

박연차 수사 盧 정조준…
'종착역' 노무현까지 거론

조카 사위 연철호.
노건평의 사위로 박연차 회장과 절친해서 박 회장의 계열사에서도 일을 한 적이 있지.
연철호가 컴퓨터 소프트웨어 사업을 하면서 박 회장 쪽 회사인
태광으로부터 용역을 받아 일을 해 준 적도 있고
태광에서 소프트웨어 계열사를 만들 때
그 회사에서 임원으로 근무한 적도 있었어.
그래서 서로 잘 아는 사이라 박 회장이 쉽게 투자를 한 것이었지.

좋아.
내, 투자하마.
걱정 말그라.

고맙심더.

6. 잔인한 4월

東亞日報

"노 전 대통령이 요청해 500만 달러 송금했다"

박연차 회장이 노 전 대통령의 요청으로 2008년 2월
노 전 대통령의 조카사위 연철호 씨에게 500만 달러를 송금했으며
송금 전에 이 돈을 주고 받는 문제를 노 전 대통령과 사전 협의했다고 진술한 것으로 8일 알려졌다.

부끄럽고 미안하다.
어떻든 강 회장은 '모진 놈' 옆에
있다가 벼락을 맞은 것이다.
이번이 두 번째…
미안한 마음
이루 말할 수가 없다.

지금 심경은?

강금원

아무 잘못이 없다고 생각해요.
왜 이런 일을 당해야 하는지…
어려운 사람을 돕고 대통령을 도왔다고
이렇게 정치탄압을 받는 것,
달게 받겠어요.

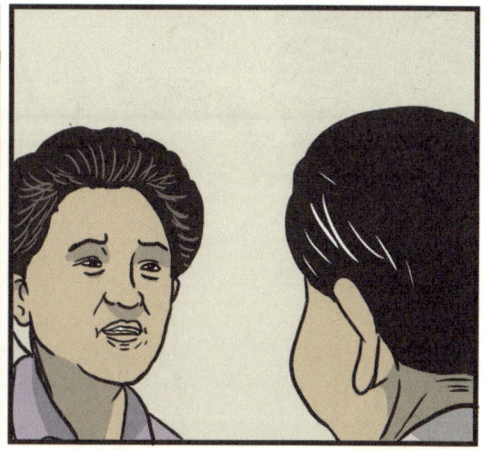

어디에 썼어요?

당신이 모르는 빚이 있는데 그걸 갚느라…

노무현은 그 때만 해도 미국에 있는 아이들에게 쓴 것인지를 몰랐지.

검찰에 가서 그 돈을 제가 받아 쓴 것으로 하겠습니다.

뭐라캤노?

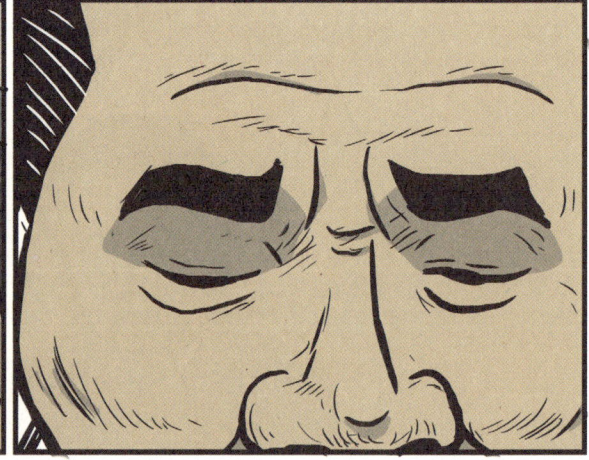

사과드립니다.
지금 정상문 전 비서관이 박연차 회장으로부터
돈을 받은 혐의로 조사를 받고 있습니다.
그런데 혹시 정 비서관이
자신이 한 일로 진술하지 않았는지 걱정입니다.
그 혐의는 정 비서관의 것이 아니고
저희들의 것입니다.

저의 집(권 여사)에서 부탁하고
그 돈을 받아서 사용한 것입니다.
미처 갚지 못한 빚이
남아 있었기 때문입니다.

조카사위 연철호가
박연차 회장으로부터 받은 500만 달러는
퇴임 후에 그 사실을 알았으며
법적으로 문제될 것이 없는
정상적인 투자였음을 해명드립니다.

2009년 4월 7일
노 무 현

노무현이 사과문을 게재한 이틀 뒤인 9일. 언론은 '사망선고'를 내렸어.

朝鮮日報 노 전 대통령, 돈거래 사전에 알았다면 뇌물수수죄 처벌 가능
중앙일보 어느 정권보다 깨끗했다더니… '폐족' 위기 몰린 친노
東亞日報 검의 칼끝, 노 직접 겨냥
 형님 이어 부인까지… 노 전 대통령 도덕성 치명타
경향신문 검은 덫에 걸린 참여정부. 도덕성 파탄났다
세계일보 노 대통령 겨눈 검… '봉하 판도라 상자' 열리나

 사설: 노 전 대통령이 보이는 태도는 구차하고 비겁하기 짝이 없다.
검찰이 발표하기 전에 앞질러 '자백'과 '사과'를 했다고는 하지만
그 내용은 오히려 '면피용'에 가깝다.
… 자신이 저지른 잘못을 남김없이 고해성사하고 석고대죄해야 한다.

 사설: 미처 갚지 못한 빚이 남아 있기 때문이라고
해명했으나 '반칙과 특권이 없는 세상'이라는
기치를 내걸었던 노 전 대통령의 위선을 보는 것 같아
말문이 막힌다.

조중동이야 그렇다쳐도
진보언론이 이러면
우짜노?

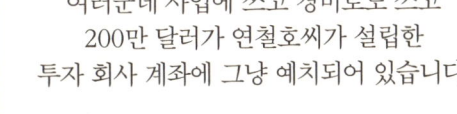

어제 인천공항에 도착한 노 대통령의 아들 노건호 씨가 취재진과 쫓고 쫓기는 심야 추격 끝에 이날 오전 비공개리에 검찰에 출석했습니다.

연철호 씨에게 건네진 500만 달러를 받아서 아버지에게 전달한 적이 있지요?

그런 적이 없으며 나와는 아무런 관계가 없습니다.

노건호

노건호 다시 불러!

오늘은 일단 보내고

내일 다시 불러!

다시 불러!

노건호는 열흘 동안 무려 6차례나 소환조사를 받았어. 미국에서는 기자들이 노건호의 집을 포위하는 바람에 손녀가 남의 집에 피신하기도 했지.

툭!
탁!
툭!

해명과 방어가 필요할 것 같습니다.

하도 민망한 일이라
변명할 엄두도 내지 못했습니다.
그런데 언론들이 근거 없는 이야기를
너무 많이 해 놓아서 사건의 본질이
엉뚱한 방향으로 굴러가고
있는 것 같습니다.

……'아내가 한 일이다.
나는 몰랐다.'
이렇게 말한다는 것이
참 부끄럽고 구차합니다.

……어떤 노력을 하더라도
제가 당당해질 수는
없을 것이지만,
일단 사실이라도 지키기 위하여
최선을 다하겠습니다.

2009년 4월 12일
노무현

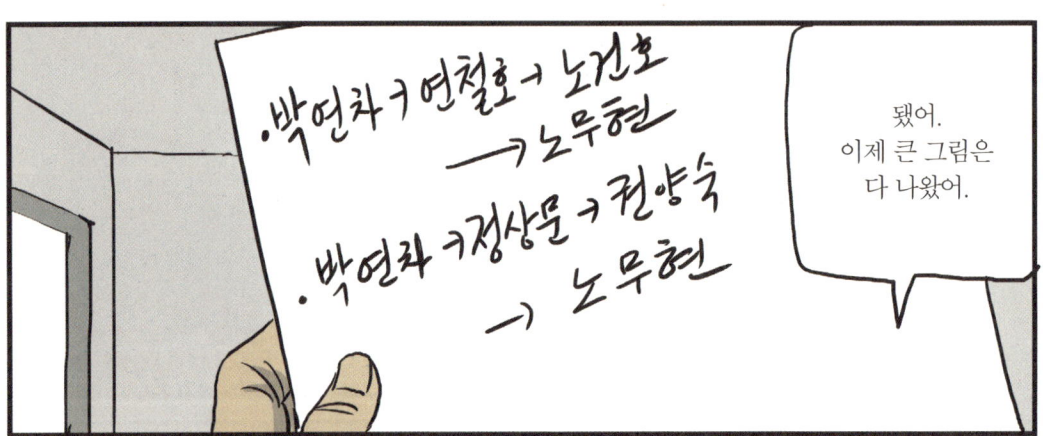

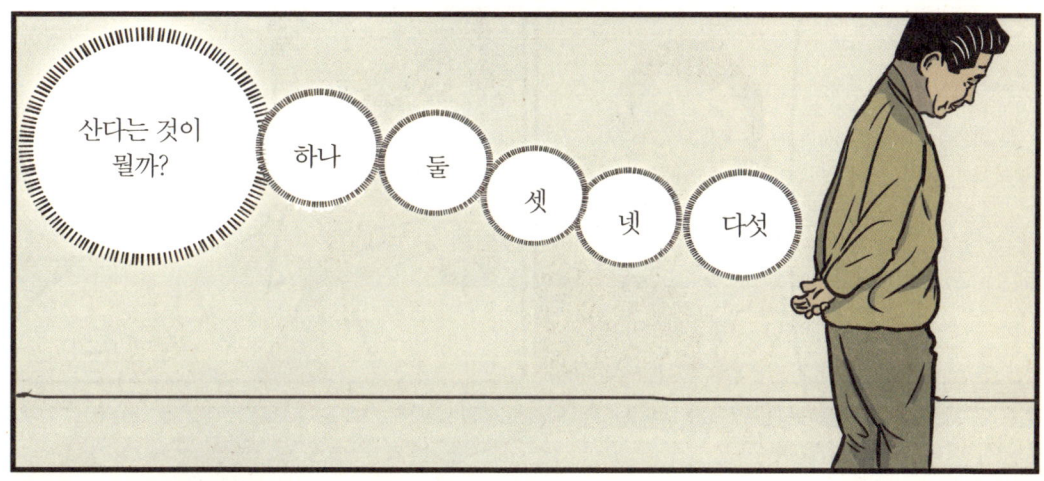

"검찰 수사에 대해 어떤 입장인가요?"

"이런 수사가 어디 있습니까?"

"노 전 대통령을 겨냥한 전방위 먼지털이식 수사가 아니고 무엇입니까?"

4월14일 조선일보는 노무현을 반론할 자격도 없는 염치 없는 대통령으로 매도했어.

朝鮮日報

사설: 노 전 대통령은 '진실' 대신 '증거'를 붙들고 그 뒤에 숨으려 하고 있다. 무슨 빚이 있었는지 검찰이 밝혀보라.

강천석 칼럼 |
정치 본능이 꿈틀대던 '정치적 야수'였다.
그랬던 노 전 대통령이 생애 최대의 위기와 마주친 절체절명의 순간에 약고 영악한 '노 변호사'로 돌아가고 말았다.

이명박 정권의 사정라인은 출범 초부터
'TK-고려대'가 핵심이었어.

정권 출범 당시 사정라인은
김경한 법무부 장관-이종찬 청와대 민정수석-임채진 검찰총장이었지.

경북 안동 출신으로 경북고-서울대 법대를 나온 'TK 본류'
김 장관과 이명박의 고려대 후배인 이 수석이
사시 7~8년 후배인 임 총장을 '거느리는' 구조였어.

4월 22일.

이제 저를 버리십시오!

"이제 저를 버리

…… 더 이상 노무현은 여러분이 추구하는 가치의 상징이 될 수가 없습니다.
자격을 상실한 것입니다.

저는 이미 헤어날 수 없는 수렁에 빠져 있습니다.
여러분은 이 수렁에 함께 빠져서는 안 됩니다.

여러분은 저를 버리셔야 합니다.

적어도 한 발 물러서서 새로운 관점으로 저를 평가해 보는 지혜가 필요합니다.

이제 '사람 세상'은 문을 닫는 것이 좋겠습니다.

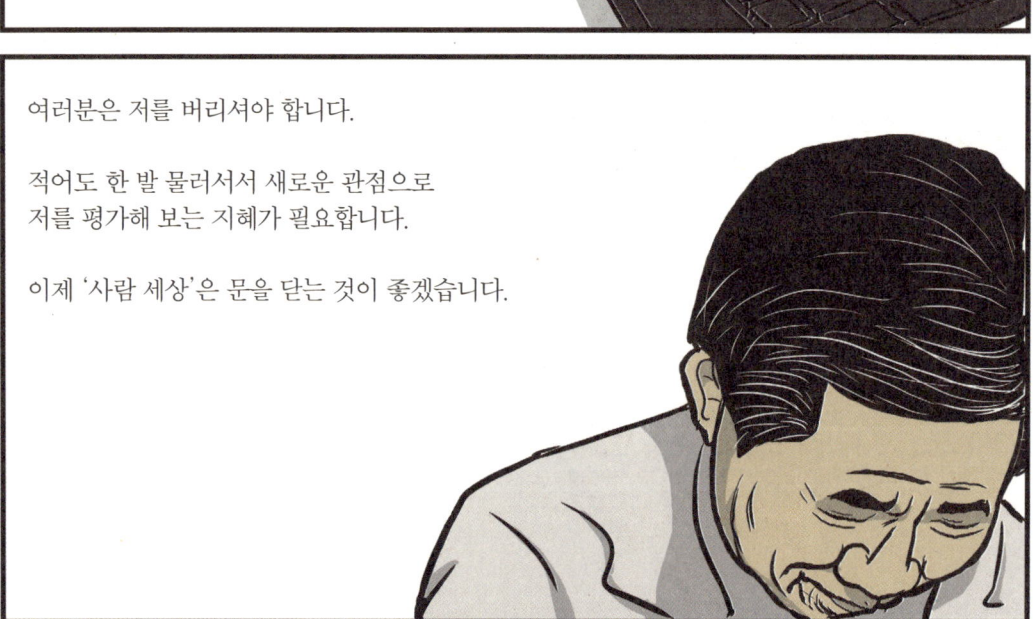

이명박에게 쓴 청원서.
그러나 참모들의 반대로 이 편지는 보내지 않았어.
차마 부치지 못한 편지야 …

이명박 대통령께 청원 드립니다.

……. 그동안 참여정부 사람들이나
그들과 혹시 무슨 관계가 있는지
의심이 갈 만한 사람들은
조사할 만큼 다 조사하지 않았습니까?
그리고 이미 많은 사람이
감옥에 가지 않았습니까?

이미 제 주변에는 사람이 오지 않은 지
오래됐습니다.
저도 오지 말라고 했습니다.
이전에는 조심을 한 것입니다.

그런데 이제는 조심을 하지 않아도
아무도 올 사람이 없게 되었습니다.

저는 이미 모든 것을 상실했습니다.
권위도 신뢰도 더 이상 지켜야 할
아무 것도 남아 있지 않습니다.

저는 사실대로, 그리고 법리대로만
하자는 것입니다.
제가 두려워하는 것은
검찰의 공명심과 승부욕입니다.

사실을 만드는 일은 없어야 합니다.

…….
이제 저는 한 사람의 보통 인간으로서
이 청원을 드립니다.

형식 절차에서
자기를 방어하는 것은 설사
그가 극악무도한 죄인이거나
역사의 죄인이거나 가리지 않고
인간에게 보장되어야 하는
최소한의 권리입니다.

제가 수사에 대응하고,
이 청원을 하는 것 또한
한 사람의 인간으로서
누려야 할 최소한의
권리라는 점을
양해해 주시기 바랍니다.

2009년 4월
노무현

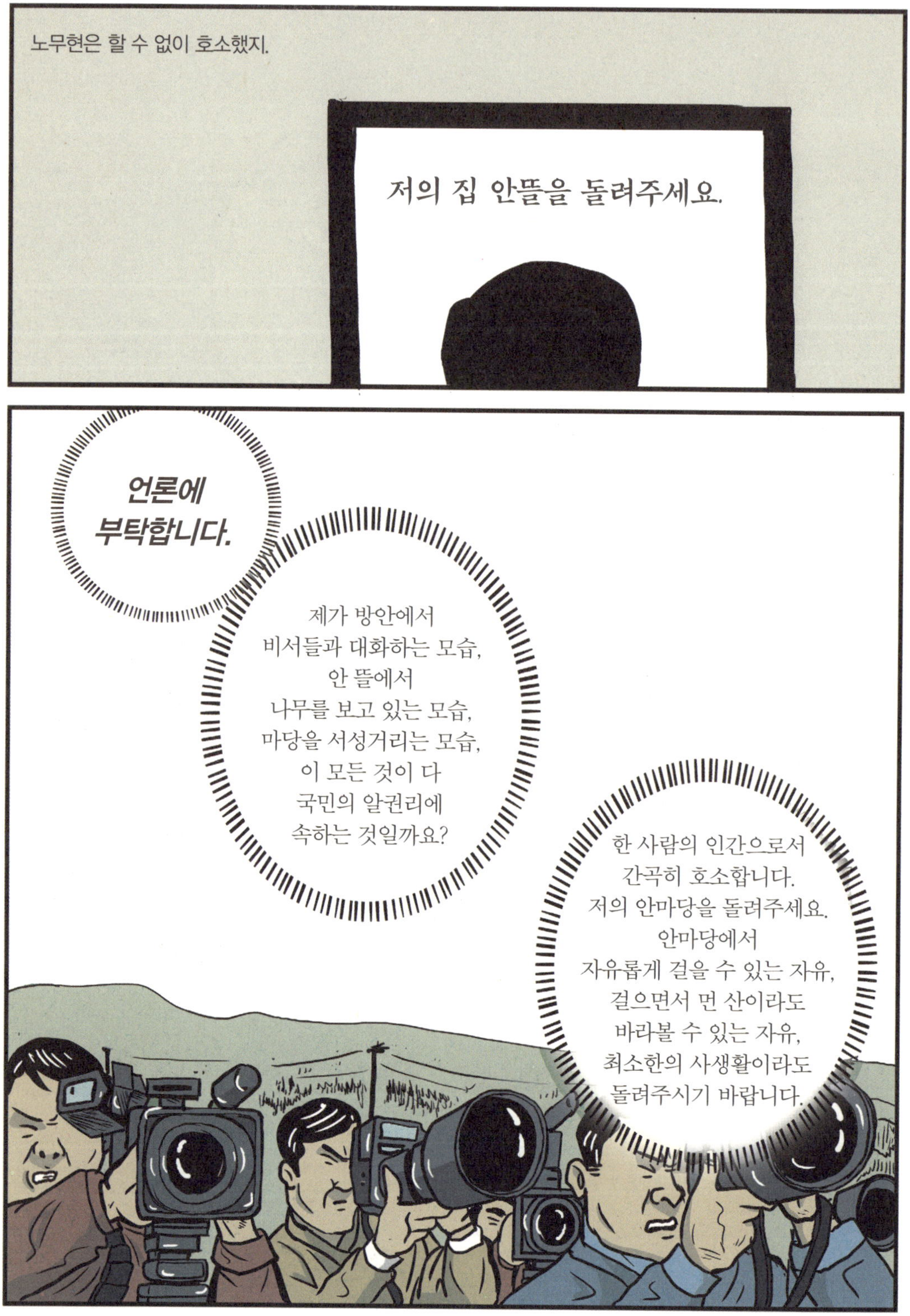

부끄러운 줄 알아야지.
이렇게 수치스러운 일들을 하고… 작통권 돌려받으면 한국 군대 잘 해요.
경제도 잘 하고 문화도 잘 하고 영화도 잘 하고
한국 사람들 외국 나가보니까 못하는 게 없는데
전화기도 잘 만들고 차도 잘 만들고 배도 잘 만드는데
왜 작전통제권만 못한다는 이야기입니까?

- 2006년 민주평화통일자문회의 상임위원회 강연 -

7

명예

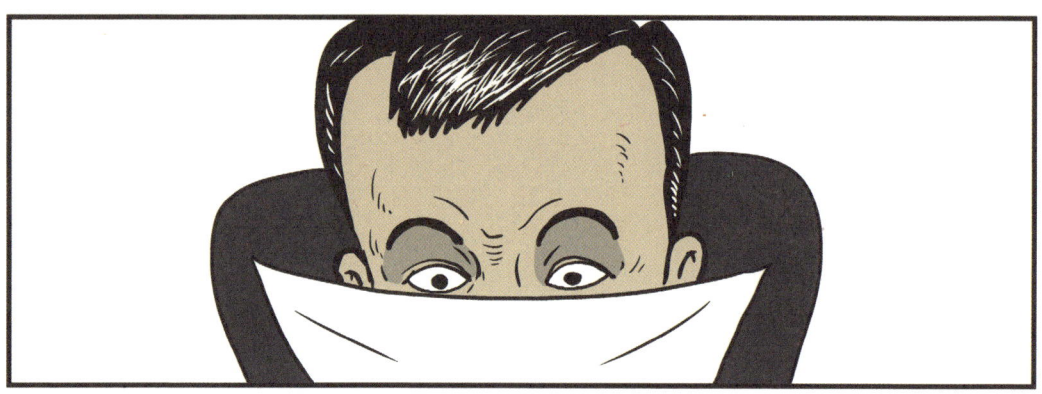

노무현 전 대통령이 2006년 9월 회갑 때 박연차 회장에게서 1억 원 짜리 명품 피아제 시계 2개를 선물로 받은 것으로 밝혀졌습니다.

회갑 선물로 부부가 억대 시계

노 전 대통령 부부가 억대의 명품 시계를 선물 받은 일에 대해 일부 측근들이 '생계형 범죄'라는 표현을 써 가며 두둔하고 있습니다. 서민들의 속마음을 알고나 하는 얘긴지 안타깝습니다.

회갑 선물로 부부가 억대 시계

7. 명예 173

전형적인
'치고 빠지기'의
수법이었지.

빨대를 색출한다고 큰 소리를 쳤지만
결국 그 '빨대'의 정체가 누구인지는
전혀 밝혀지지 않았어.

'빨대'는 과연
누구였을까?

이인규 중수부장,
그 자신이 아니었을까?

4월 27일.

조선일보 김대중 고문(칼럼)

'전직의 명예'가 무너진 마당에 사법절차에나 매달리겠다니
인간이 불쌍하다는 생각이다.
… 노무현 게이트에 얽힌 돈의 성격과 액수를 보면
그야말로 잡범 수준이다.
정치자금도 아니고 그저 노후자금인 것 같고
가족의 '생계형' 뇌물수준이다.
그래서 더 창피하다.
2~3류 기업에서 얻어쓰고 세금에서 훔쳐간 것이 더 부끄럽다…

조선일보는 '잡범'이라는 막말까지
서슴지 않았어.

인격살인이었지.

7. 명예

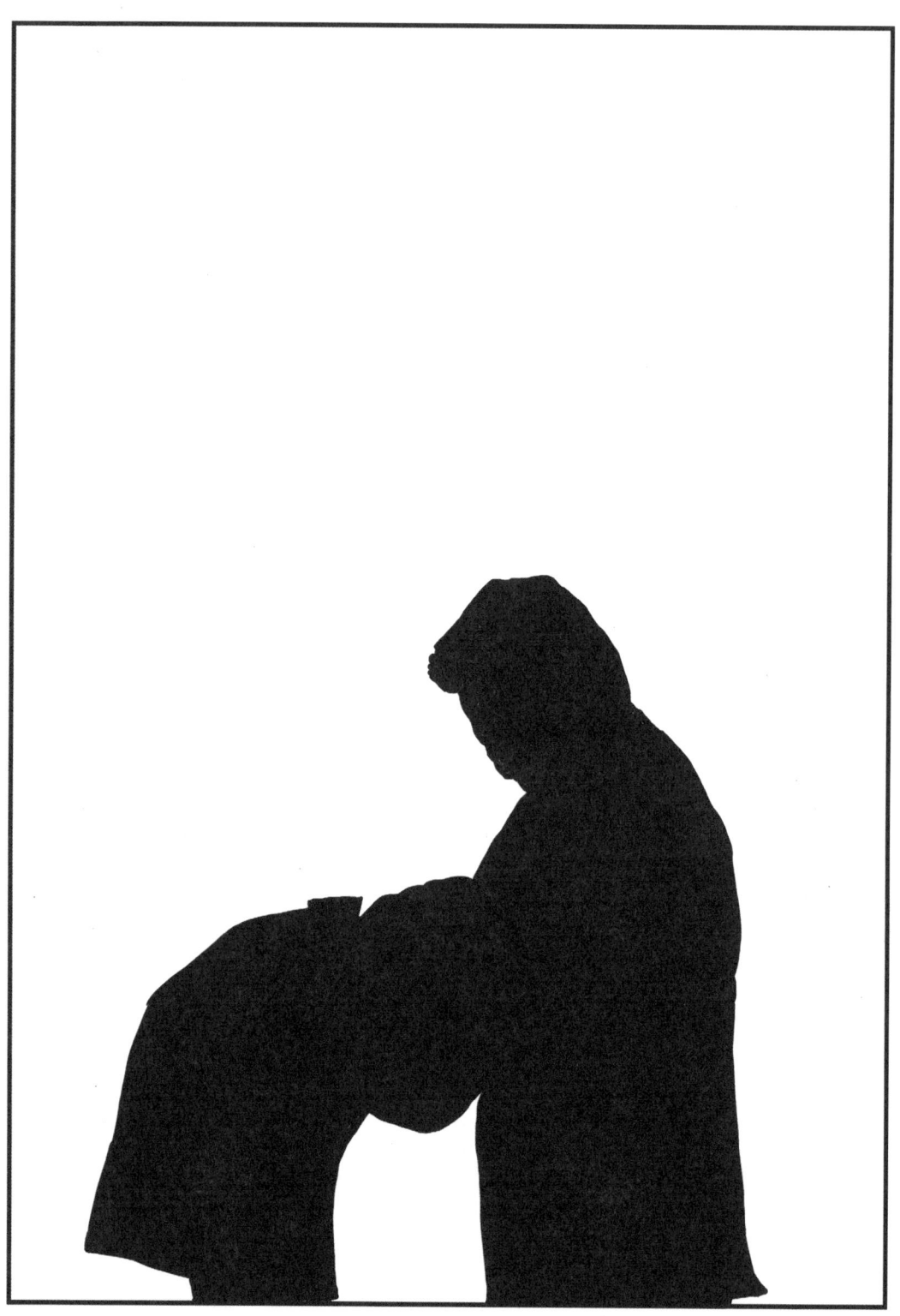

정정길 대통령실 실장

대통령님, 오늘 노동계 초청 오찬 메시지입니다.

저거 노통 봐요. 허허.

예.

정작 검찰은 노무현이 대질신문에
응하지 않을 것임을 알고 있었기에
"대질신문이 있을 것이다"는
말로 선수를 친 것이었어.

흉계였지.

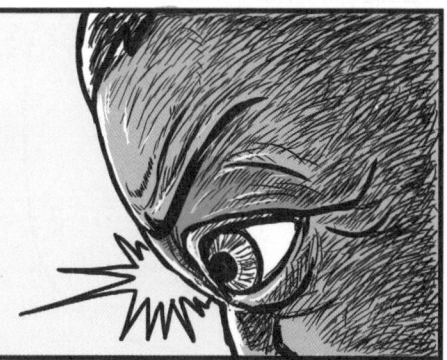

'노 전 대통령이
누명을 썼다면 (죄가 없다면)
대질신문을 원할 것이다.
그런데 만약 대질신문을 거부한다면
누명을 쓰지 않은 사람,
바꿔 말해 죄가 있는 사람이라는 점'을
내세워 미리 죄인으로 몰고 가려는
저의가 담겨 있었던 거야.

국민께 죄송하고 검찰의 사명감과 조사하게 된 전후관계를 인정합니다.

조사관계에서 서로 입장을 존중해주기 바랍니다.

이인규, 아주 오만하고 거만하군…. 아주 건방져….

문재인

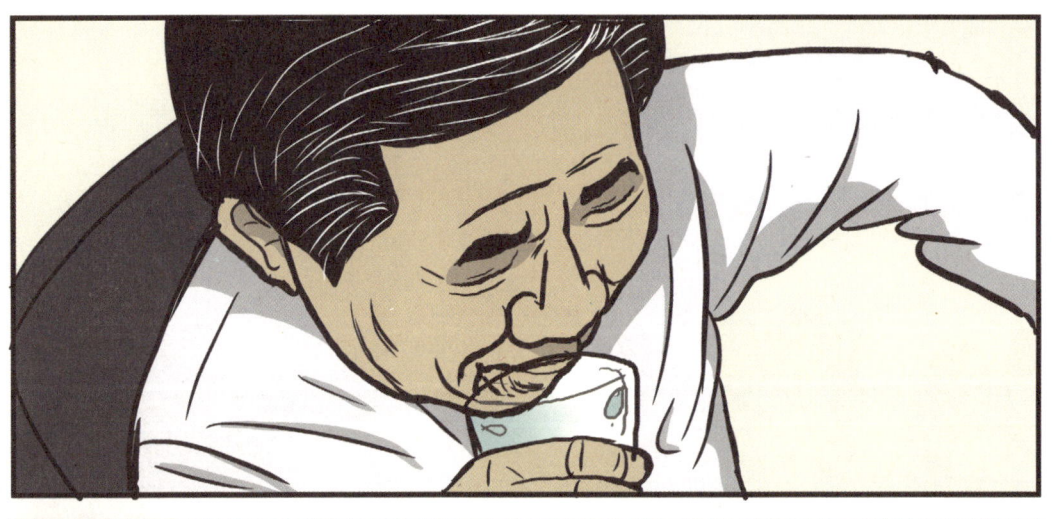

노무현 생애
마지막 외출이었어.

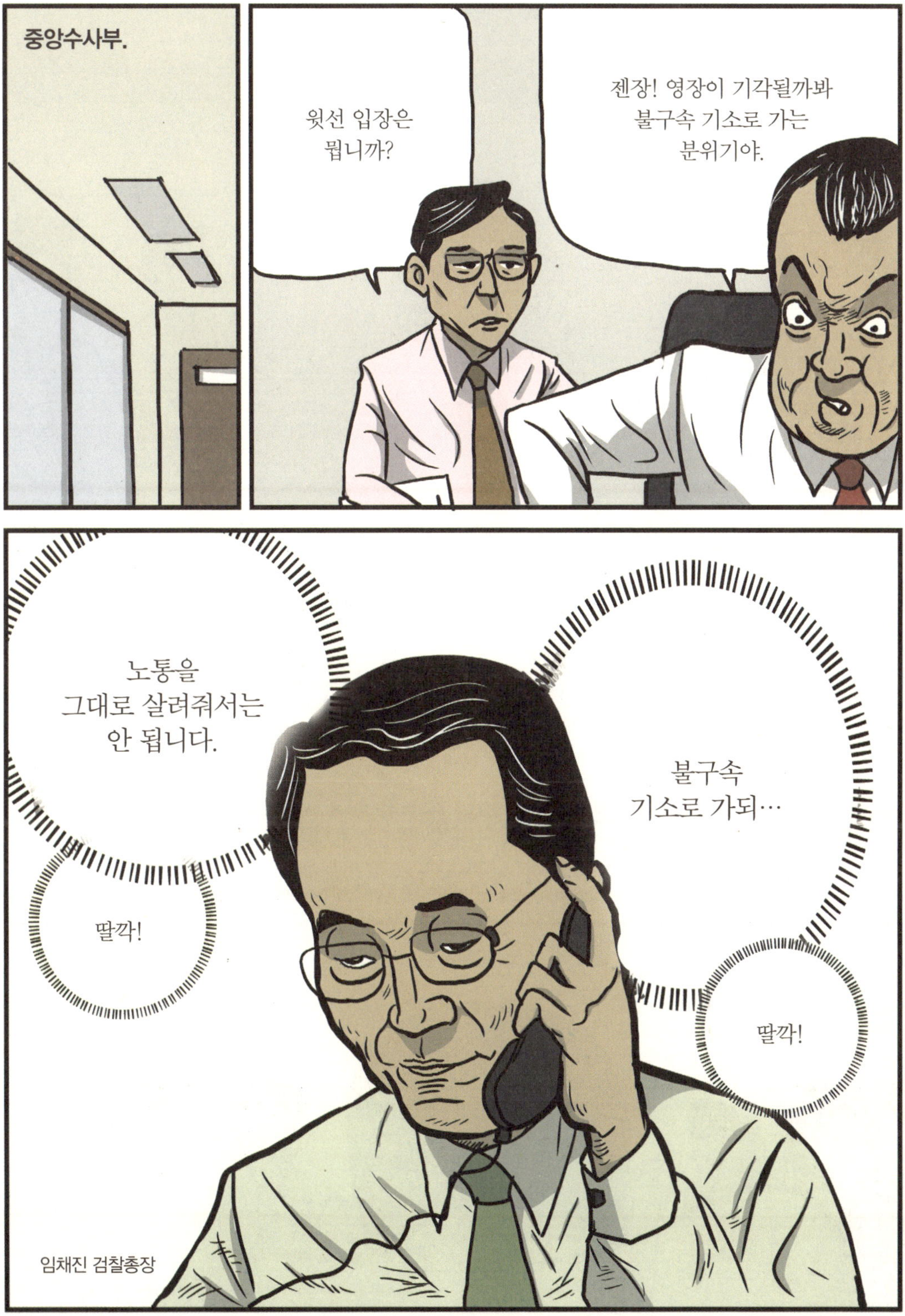

권양숙 여사가 미국에 집을 사려고 한 까닭은 따로 있었지.
당시 미국에서 MBA 과정을 밟고 있던 아들 건호가
한국보다 미국에서 사는 게 낫다고 판단한 것이야.

건호가 한국에 사는 것은 고통이다.
전두환, 김영삼, 김대중 등 역대 대통령
아들들의 고난을
지켜보지 않았는가….

대통령 퇴임 후
건호가 전직 대통령
아들이라는 '짐'을
평생 짊어지고 살게
할 수는 없잖은가….

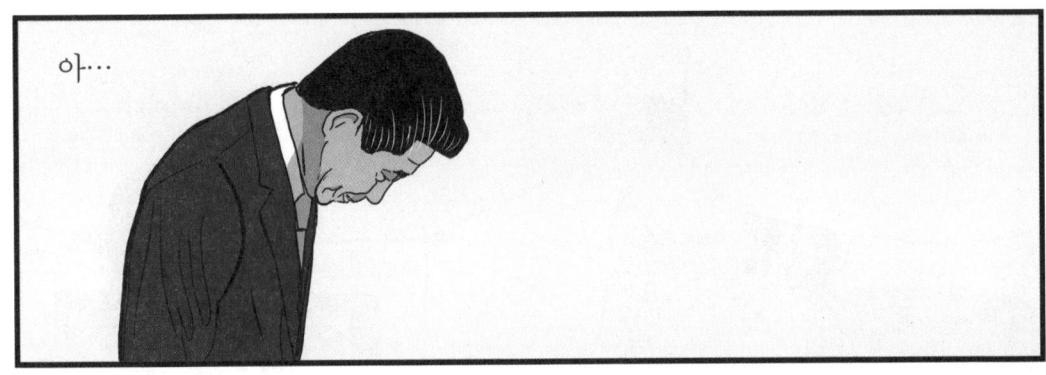

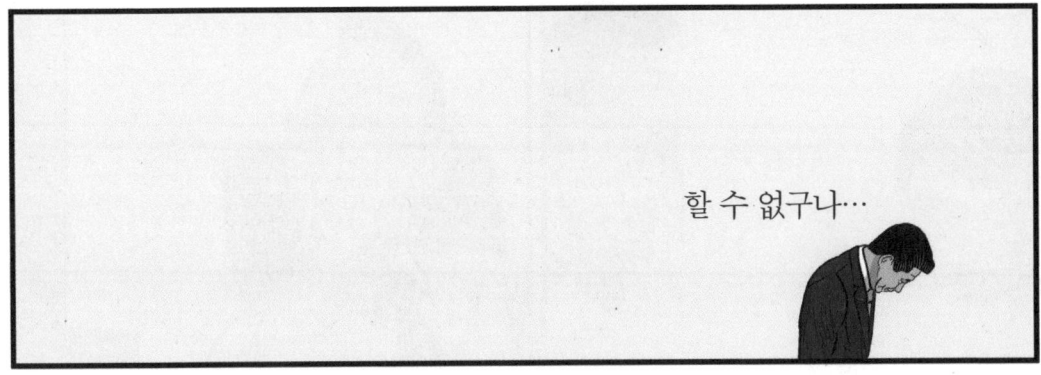

7. 명예   223

하하하하!

바로 이거야.
언론 플레이는 이렇게 하는 거지.
역시 원 원장이야!

감사합니다.
대통령님!

진실은 어떻게 오는 것인가…
견딜 수 없는 고통을 밟고서만
오는 법인가…
아, 너무 고통스럽다.

아… 나의 마지막
자존과 존엄을
어떻게 지켜야 하는가!

모든 고결한 혼들은
자신의 고통을
남에게 드러내지 않는 법일까.

대통령님께서는
논두렁을 언급한 바 없습니다.
검찰이 언론플레이를
하고 있습니다.

사건 본질과는
아무 상관 없는 일로
망신주겠다는
비열한 짓입니다.

문재인

그럼에도 그 보도 뒤 일제히 야유가 쏟아졌어.

朝鮮日報 "로또마을 봉하마을에 집결하자" 인터넷 시끌시끌

세계일보 네티즌들 "2억 시계 찾으러 봉하마을 가자"

newsis 버렸다, 찢었다.. 궁색해지는 노의 변명

공소제기 전에 피의사실을 공표하면 처벌하는 형벌 규정이 있는데도
일국의 대통령을 지낸 노무현은 일개 조롱감으로 전락되었지.

東亞日報

사설: 5년이라는 세월 동안 국정 최고책임자로 대한민국을 이끈 인물이
거짓말을 늘어놓고 말을 바꾸는 것을 지켜보면서
스스로 '잡범' 수준으로 전락했다는 느낌을 버릴 수 없다.

… 노무현 식 '도덕성 장사'는 이미 파산했다.
법망을 벗어나기 위해 궁색하고 역겨운 거짓을 더 늘어놓지 말고
이제라도 진실을 털어놓고 국민에게 사죄할 일이다.

'잡범'이라니오?
이런 막말이
어디 있습니까?
이게 언론입니까?

논설위원실

푸훗!

중앙일보 기획시론

박효종 서울대교수 |
… 깨끗한 정치를 하라고 대통령으로 뽑은 국민의 기대와 신뢰를 배반했다면, 그 죄는 일생 동안 유랑하면서 죗값을 치른 카인처럼 살아야 비로소 겨우 갚을 수 있다.
… 고백과 참회보다 변명과 궤변으로 일관하는 노 전 대통령이 일정 기간의 수형생활보다 역시 '모르쇠'로 일관함으로써 일생 동안 유랑하는 천형(天刑)에 처해졌던 '카인의 벌'을 받아야 하는 이유가 여기에 있다.

어느새 '전 대통령 노무현'은 '범죄자 노무현'으로 둔갑되었어.

… 그들이 한 일이다. 노무현 패밀리가 한 일이다.
그런데 노무현은 도덕적으로 결함의 차이,
남편과 아내의 차이, 알았다와 몰랐다의 차이를
구별하는 데 필사적이다.
그러나 그런다고 달라지지 않는다.
… 노무현 정권의 재앙은 5년의 실패를 넘는다.
그렇다면 노무현의 당선은 재앙의 시작이었다고
해야 옳다. 이제 그가 역사에 기여할 수 있는 일이란
자신이 뿌린 환멸의 씨앗을 모두 거두어
장엄한 낙조 속으로 사라지는 일이다.

굿바이 노무현!

여러가지 그리움으로 떠 오르는 노무현을
이제 가슴에서 지운다. 굿바이 노무현!

굿바이 노무현!
굿바이 노무현!
굿바이 노무현!
굿바이 노무현!

굿바이

노무현…

소환 이후 3주가 지나도록
노 대통령은 여전히 '피의자'였어.

그동안 아무도 진실에 관심을 가지지 않았지.

노무현은 600만 달러 뇌물을 받은 사람으로 돼 있었어.
자기 잘못을 아내한테 떠넘긴 못난 남편으로···.

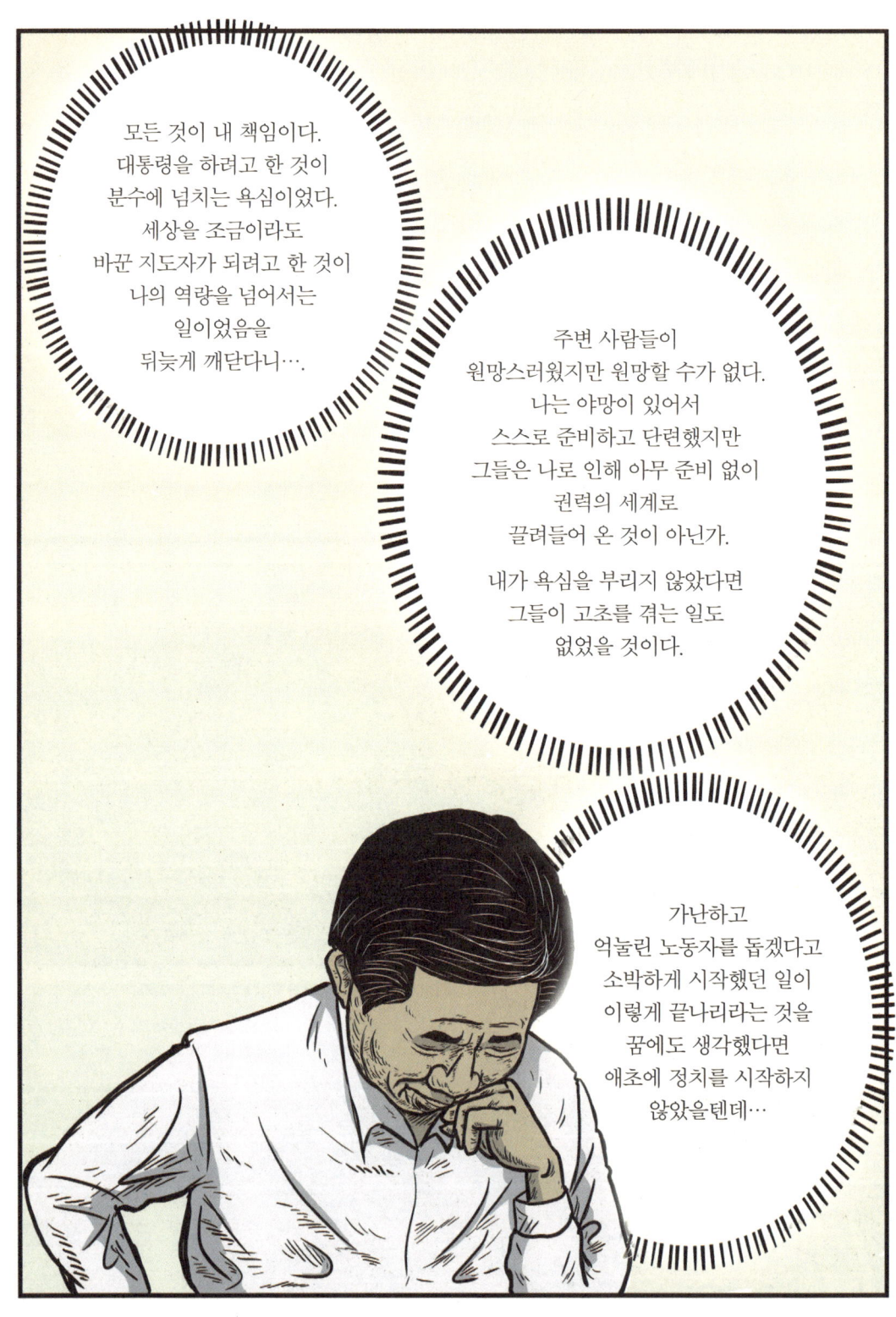

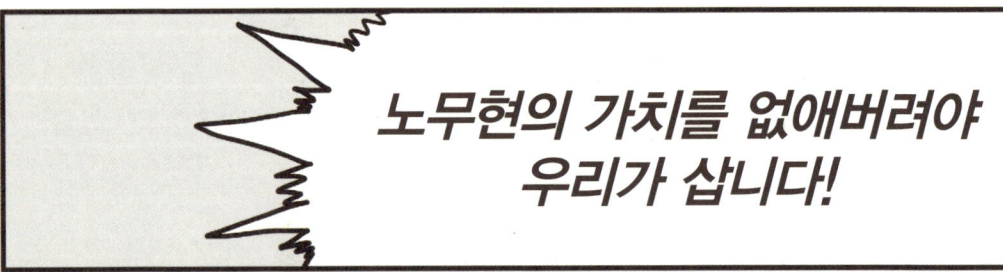

위기가 생기면 국민들은 지도자를 쳐다 봅니다.
그래서 대체로 저는 국방·치안·경제·비전의 제시·조정과
통합·위기 관리 등을 정치가나 지도자의 책임이라고 생각합니다.

- 2003년 참여정부 국정토론회 발언 -

8
부엉이 바위

5월 22일.
힘 안 드나?
예. 아버지.
네 엄마가 발을 수술한 뒤로는 걷는 기 힘든가 보다. 우리가 뒤뜰까지 다 뽑제이.
잡초 다 뽑고 어무이랑 맥주 한 잔 하기로 했는데 아버지도 딱 한 잔만 하고 주무세요.
그럴까?

8. 부엉이 바위

나로 말미암아
여러 사람이 받은
고통이 너무 크다.

앞으로
받을
고통도
헤아릴 수가
없다.

여생도
남에게 짐이
될 일 밖에 없다.

화장해라.

그리고 집 가까운 곳에 아주 작은 비석 하나만 남겨라.

오래된 생각이다.

8. 부엉이 바위

사람은 소통하며 살아야 합니다.
지배하는 사람도 있고 지배받는 사람도 있는데, 내 희망은 이 차이가 작기 바랍니다.
지배하는 사람과 지배받는 사람 사이에 가장 큰 단절은 소통이 안 되는 것입니다.
권력을 가진 자와 국민이 소통해야 합니다.

- 2006년 경복궁 신무문 개방행사 연설 -

부록

부록

노무현 대통령 서거 일지

• 2008년

2월
25일 대통령 퇴임, 봉하마을로 귀향

3월
       봉하마을 방문객 늘고 인터넷에 '노간지' 바람
12일 한나라당, 참여정부 임명 인사들에 대한 자진사퇴 촉구
14일 정상문 전 총무비서관, 당시 청와대 총무비서관을 만나 기록물 사본 제작 경위에 대해 설명

6월
12일 청와대, 노 전 대통령 측에 '대통령 기록물 반환하라' 요구
14일 노 전 대통령, 이명박 대통령에게 전화하여 기록물 문제에 대해 설명

7월
16일 노 전 대통령, 기록물 유출 관련 논란이 계속되자 〈이명박 대통령께 드리는 편지〉 통해 기록물 돌려주겠다고 밝힘
24일 검찰, 기록물 유출 사건 본격수사 돌입
31일 국세청, 박연차의 태광실업 세무조사 시작

9월

　　　대검 중수부, 세종증권 매각로비 수사 착수
18일　노 전 대통령, 인터넷 토론 사이트 '민주주의 2.0' 오픈

10월

1일　　노 전 대통령, 10.4 선언 1주년 기념행사 참석 위해 첫 서울 나들이
20일　박희태 한나라당 대표, '쌀 직불금 부당 수령 사건은 참여정부 때 일어난 문제' 주장
25일　노 전 대통령, '쌀 직불금 부당 수령 관련자료 은폐한 일 없다' 해명

11월

14일　노 전 대통령, 기록물 유출사건과 관련, '검찰, 노 전 대통령 방문조사 계획' 보도
　　　되자 '직접 검찰 출두, 조사 받겠다' 밝힘
21일　검찰, 노 전 대통령 고교 동창인 정화삼 씨와 동생 광용 씨 체포
19일　세종캐피탈 압수수색, 세종캐피탈 김형진 회장·홍기옥 사장 체포
24일　홍기옥 사장·정화삼 형제 구속
25일　국세청, 박연차 탈세 혐의 고발, 대검 중수부 본격 수사 착수

12월

4일　　농협의 세종증권 인수 로비 관련 금품수수 혐의로 노 전 대통령 형 노건평 씨 구속
5일　　노 전 대통령, 봉하마을 방문객 인사 중단
12일　세금 포탈과 뇌물 공여 혐의로 박연차 태광실업 회장 구속
18일　'휴켐스 매매 입찰 방해' 농협 상무 구속
22일　노건평·박연차 등 구속 기소
25일　한상률 국세청장, 이상득 의원 측근과 이명박 대통령의 동서 등과 골프 회동
29일　검찰, '박연차로부터 노무현 대통령이 빌린 15억 원의 차용증 확보' 발표

• 2009년

1월
- 13일   법무부 고위직 간부 51명 인사 발표. 이인규, 대검 중수부장에 임명
- 21일   검찰, 중간 간부인 고검 검사급 인사 단행(홍만표 대검 수사기획관, 우병우 중수 1과장, 이석환 중수2과장 등 임명)

2월
- 11일   중수부, 특수통 중견 검사 8명 보강
- 13일   강금원 회장에 대한 정치자금법 위반 혐의 수사 시작

3월
- 9일   노 전 대통령, '민주주의 2.0'에 '좋은 책을 만들어 보자는 것입니다' 글 올리고 인터넷 협업 방식 집필 시작
- 13일   동아일보, '박연차 회장, 이광재 의원에 5만 달러/여야 의원 여러 명에 거액 건넸다' 보도
- 14일   '박연차 로비설' 본격 수사
- 15일   한상률 전 국세청장 미국 출국
- 16일   조선일보, '박연차 리스트 70명 설' 보도. 검찰은 이에 대해 부인
- 19일   이정욱 전 한국해양수산개발원장 구속
- 20일   조선일보, '현직 고검장 박연차 돈 수수' 의혹 보도. 검찰은 이에 대해 '오보' 주장. 이인규 대검 중수부장, 기자간담회에서 '잔인한 4월' 예고 발언. 송은복 전 김해시장 구속

21일   검찰, 3억여 원 불법 정치자금 받은 혐의로 이강철 전 청와대 시민사회 수석비서관 구속 기소. 이광재 민주당 의원, 대검 출두

23일   추부길 전 청와대 홍보기획비서관 구속. 장인태 전 행자부 2차관 체포

25일   박정규 전 청와대 민정수석·장인태 전 행정자치부 2차관 구속

26일   이광재 민주당 의원, 뇌물수수 혐의로 구속

28일   서갑원 민주당 의원 소환조사

30일   서갑원 – 박연차 – 미국 뉴욕 K한인식당 주인 대질 조사

4월

2일   동아일보, '노무현 전 대통령, 500만 달러 존재 알고 있었다' 보도

3일   송은복·이정욱 구속기소

5일   정두언 한나라당 의원, "노건평 씨가 작년 9월 추부길 전 비서관을 통해 '대통령 패밀리들은 건드리지 말아 달라. 박연차 회장도 여기에 포함해달라'라는 뜻을 전해 왔으나 '말도 안 되는 소리'라고 일축했다"고 주장

6일   대전지검 특수부, 강금원 회장 조사

7일   정상문 전 청와대 총무비서관 체포, 노 전 대통령 '사과문' 홈페이지에 게시, 김원기 전 국회의장 비서실장 지낸 김덕배 전 열린우리당 의원 체포 조사

8일   조선일보 '권양숙 여사, 박연차 회장에게 10억 원 받았다' 보도

10일   정상문 전 비서관 영장 기각. 강금원 창신섬유 회장, 횡령 및 조세포탈 혐의 구속. 노 전 대통령 조카사위 연철호 체포. 동아일보, '검찰, 노 전 대통령 600만 달러 뇌물수수 혐의로 형사처벌 방침' 보도

11일   권양숙 여사 부산지검에 출석·조사받음. 노 전 대통령 아들 노건호 귀국.

12일   노건호 소환 조사. 노 전 대통령 '해명과 방어가 필요하다' 글 게재

14일   권 여사 동생 권기문 씨 참고인 조사. 노건호 2차 조사

15일   정상문 소환 조사, 박창식 창원상의 회장 참고인 조사

16일	대검, 강금원 회장 소환 조사. 노건호 3차 조사
17일	노건호 4차 조사. 노 전 대통령, 홈페이지에 '강금원이라는 사람'이란 글을 올려 미안한 심정을 밝히고 '면목 없는 사람 노무현' 표현.
19일	정상문 전 비서관 다시 긴급체포. 노 전 대통령, '이명박 대통령께 청원드립니다' 편지 작성.
20일	정 전 비서관 구속영장 재청구. 노건호 5차 조사
21일	정상문 전 비서관 구속 수감. 노 전 대통령, '저희 집 안뜰을 돌려주세요' 글 게시
22일	대검 중수부, 노 전 대통령에 서면질의서 발송. 노 전 대통령, "'사람사는 세상' 홈페이지를 이제 닫아야 할 때가 온 것 같습니다" 글을 통해 '이제 저를 버리십시오'라는 마지막 글 게시. SBS와 KBS, '박연차 회장이 노 전 대통령 회갑 때 피아제 시계 2개를 2억 원에 사서 선물했다'고 보도
25일	노 전 대통령, 검찰에 서면답변서 제출
26일	검찰, 노 전 대통령 측에 30일 소환조사 통보
28일	검찰, 신문사항 200여 개 준비, 정상문 조사
30일	검찰, 노 전 대통령 소환 조사. 노 전 대통령 오전 8시 2분 봉하마을 출발, 오후 1시 20분 대검청사 도착

5월

1일	노 전 대통령, 13시간 후 새벽에 귀가
4일	수사팀, 노 전 대통령 수사기록 검토보고서 임채진 검찰총장에게 보고
6일	검찰, 서울지방국세청 조사4국, 국세청 법인납세국장 사무실 등 압수수색
7일	천신일 세중나모여행 회장 자택 및 사무실 등 18곳 압수수색
8일	정상문 구속기소. 조선일보, '국정원장이 임채진 검찰총장에게 불구속 의견 개진했다' 보도
11일	검찰, 노 전 대통령 딸 정연 씨 부부 소환 조사.

12일   검찰, '노 전 대통령의 딸 정연, 박연차에게 수십만 달러 수수 추가 확인' 주장
13일   SBS, '권 여사가 검찰 수사 시작되자마자 피아제 시계를 내다버렸다' 보도
22일   최철국 의원·천신일 소환조사
23일   노무현 전 대통령 서거
29일   노 대통령 영결식 엄수

7월
10일   노 전 대통령 유해, 봉하마을 사저 옆에 안장

출간 후원 프로젝트에 참여해주신 분들

박정환, 이세리, 최종길, Minkyung Lee, 하진성, 홍숙자, 김형래, 신정엽, 신윤희, 김용훈75, 이헌태, 최인호, 고진희, 이현, 김재하, 권태형, 박민호(겨울이아빠), 이종우, 황상문, 박재형, 최선미, 문준희, 전명희, 조대현, HaeZong Chung, 이유석, 김승진, 최미경, erinochois, 이데아, 정우영, 김정국, 최민호, 조한웅, 홍석주, 서보균, 송기동, 김정모, 이연경, 송혁신, 서영심, 최지웅, 조은영, 김은식, 이순옥, 허성무, 형영진, 황영길, 최순식, 이희정, 최상원, 고드름, 이용희, 홍의용, 김위경, 오명교, 양용훈, 정해인, 김동명, 김완택, 박근명, 김태형, Kiduc Kim, 박영숙, 김경숙, 유정오, 이강영, 김동한, 조현근, 김삼례, 김진옥, 최성용, 정도원, 박동진, 권경숙, Namgu Kang, 김행영, 김찬영, Liu Jeman, 여봉규, Namhyun Yoon, 김한영, 윤수경, 홍창모, 조학래, 정봉, 심명환, 김민아, 이철우, 박성애, 서은숙, 김영달, 최태룡, 이지은, 박영철, 이병노, 이경숙, 안경희, 최경진, 오재록, 장성두, 윤기훈, 오태길, 성상임, JunPyo Hong, Dong Woo Lee, 방준성, 조은성, 최민호, 김동한, 진조석, 황명필, 김성남, 김용덕, 장예은, 고석우, 정건, Youngju Song